CHINESE BEAUTY
YANG GUIFEI BIOGRAPHY

杨贵妃传

中国历史名人传记

QING QING JIANG

江清清

PREFACE

I am excited to welcome you to the Chinese Biography series. In this series, we will discover lives of some of the most famous people from Chinese history. Each book will introduce a famous Chinese personality whose contributions were immense to shape China's future. The books in Biography series contain numerous lessons in Mandarin Chinese. We start with a brief introduction of the book in the preface (前言), a bit detailed introduction to the person, and continue to dig his life and relevant issues. Each book contains 6 to 10 chapters made of simple Chinese sentences. For the readers' convenience, a comprehensive vocabulary has been provided at the beginning of each chapter. The pinyin for the Chinese text is provided after the main text. Further, to enforce a deeper Chinese learning, the English interpretation of the Chinese text has been purposely excluded from the books. This would help the readers think deeply about the contents the way native Chinese do! In order to help the students of Mandarin Chinese remember important characters, words, long words, idioms, etc., these entities have been purposely repeated throughout the book, and across the books in the series. Taken together, the books in Biography series will tremendously help readers improve their Chinese reading skills.

If you have any questions, suggestions, and feedbacks, feel free to let me know in the review or comments.

You can find more about China and Chinese culture on my blog and Amazon homepage.

I blog at:

www.QuoraChinese.com

-Qing Qing

江清清

©2023 Qing Qing Jiang

All rights reserved.

MOST FAMOUS &

TOP INFLUENTIAL PEOPLE IN

CHINESE HISTORY

SELF-LEARN READING

MANDARIN CHINESE, VOCABULARY,

EASY SENTENCES,

HSK ALL LEVELS

(PINYIN, SIMPLIFIED CHARACTERS)

ACKNOWLEDGMENTS

I am a blogger. It has been a long and interesting journey since I started blogging quite a few years ago.

The blogging passion enabled me to write useful contents. In particular, I have been writing about China, and its culture.

My passion in writing was supported by my friends, colleagues, and most importantly, the almighty.

I thank everyone for constantly inspiring me in my life endeavours.

CONTENTS

PREFACE 2

ACKNOWLEDGMENTS 4

CONTENTS 5

LIFE (人物生平) 7

LOVE STORY (爱情故事) 14

THE YANG FAMILY'S POWER (杨家得势) 21

SOURCE OF WOMEN'S RADIANT BEAUTY ("羞花"来源) 28

THE CONCUBINE'S SMILE (妃子一笑) 32

THE MYSTERY OF THE QUEEN (皇后之谜) 37

REGARD FAT AS BEAUTY (以胖为美？) 44

前言

　　杨玉环，被评为"古代四大美女之一"。人们经常用沉鱼落雁，闭月羞花来形容美女，这其中的"沉鱼"指的是西施，"落雁"指的是王昭君，"闭月"指的是貂蝉，这"羞花"便是杨玉环了。能在古代历代后宫三千佳丽中，还排得上名号的女子，那一定是姿色过人。的确如此，杨玉环在音乐上，有着很深的造诣，很少有人能达到她这样的境界，同时是当时著名的舞蹈家和音乐家。也不难理解，杨贵妃从小就学习跳舞，拥有优越的教育环境，是一枚妥妥的才女，再加上天生丽质，也是个大美女，可以说是才貌双全了，这在古代是很难得的，因为古人认为女子无才便是德。杨玉环正是凭借着自己突出的舞蹈功底，出色的外貌条件，温柔的性格，使得唐玄宗为之神魂颠倒。

　　Yáng yùhuán, bèi píng wèi "gǔdài sì dà měinǚ zhī yī". Rénmen jīngcháng yòng chényúluòyàn, bì yuè xiū huā lái xíngróng měinǚ, zhè qízhōng de "chén yú" zhǐ de shì xīshī,"luòyàn" zhǐ de shì wáng zhāojūn,"bì yuè" zhǐ de shì diāochán, zhè "xiū huā" biàn shì yáng yùhuánle. Néng zài gǔdài lìdài hòugōng sānqiān jiālì zhōng, hái pái dé shàng míng hào de nǚzǐ, nà yīdìng shì zīsèguò rén. Díquè rúcǐ, yáng yùhuán zài yīnyuè shàng, yǒuzhe hěn shēn de zàoyì, hěn shǎo yǒurén néng dádào tā zhèyàng de jìngjiè, tóngshí shì dāngshí zhùmíng de wǔdǎo jiā hé yīnyuè jiā. Yě bù nán lǐjiě, yáng guìfēi cóngxiǎo jiù xuéxí tiàowǔ, yǒngyǒu yōuyuè de jiàoyùhuánjìng, shì yī méi tuǒ tuǒ de cáinǚ, zài jiā shàng tiānshēng lìzhì, yěshì gè dà měinǚ, kěyǐ shuō shì cái mào shuāngquánle, zhè zài gǔdài shì hěn nándé de, yīnwèi gǔrén rènwéi nǚzǐ wú cái biàn shì dé. Yáng yù huán zhèng shì píngjièzhe zìjǐ túchū de wǔdǎo gōngdǐ, chūsè de wàimào tiáojiàn, wēnróu dì xìnggé, shǐdé táng xuánzōng wéi zhī shénhún diāndǎo.

LIFE (人物生平)

Yang Guifei (杨贵妃, 719-756) was one of the four beauties in ancient China (四大美女之一). She was a concubine, court musician, and dancer in China's Tang Dynasty (唐朝, 618-907).

Her real name was Yang Yuhuan (杨玉环). She was born on June 22, 719 in an affluent family. There are several theories about the birthplace of Yang Yuhuan, including Lang Township in Guozhou (虢州阌乡), located in the modern Lingbao, Henan (今河南灵宝), however, it has been impossible to confirm her birthplace.

Her great grandfather, Yang Wang (杨汪), was a high level minister (尚书) in the Sui Dynasty (隋朝, 581-618). He was killed in the early Tang Dynasty by Li Shimin (李世民, 599-649), the second emperor of the Tang Dynasty. Her father, Yang Xuanyan (杨玄琰, 686-729), once served as the secretary of Shuzhou (蜀州, now in Sichuan). Her uncle, Yang Xuanjiao (杨玄璬), once served as an official in Henan. Yang Yuhuan spent his childhood in Shuzhou.

Her father died when she was only 10 years old. Then, her uncle took care of her. They lived in Luoyang.

Yang Yuhuan's natural beauty, coupled with a superior educational environment, enabled her to acquire amazing cultural talents. She had a gentle and calm personality and she was good at singing and dancing. In particular, she was very good at playing the pipa (琵琶).

In the year 734, Princess Xianyi (咸宜公主), the daughter of Emperor Xuanzong of Tang (唐玄宗/李隆基, 685-762) -- the 9th and the longest reigning emperor of the Tang Dynasty (reigned 712-756), got married in Luoyang. Yang Yuhuan was invited to attend the wedding of Princess Xianyi. Li Chang (李珺, 719-775), the 18th son of Emperor Xuanzong and the younger brother of Princess Xianyi, fell in love with Yang Yuhuan at first sight (一见钟情). Both were about the same age: 16-year-old. Li Chang's mother was Wu Shi, (武氏), a favorite concubine (武惠妃, 699-737, Concubine Wu Hui) of Emperor Xuanzong. At the request of Concubine Wu Hui, Xuanzong ordered Yang Yuhuan to be named a concubine of Li Chang (寿王妃). Later, they got married, and after the marriage, the two were very much in love.

In the year 737, Li Chang's mother, Concubine Wu Hui died. Xuanzong loved Wu Hui very much. In fact, the emperor liked her so much that her position in the palace had been equivalent to that of the empress (皇后). After her death, Xuanzong was unhappy and depressed. At that time, there were nearly a thousand women in the imperial harem, however, the emperor was not interested in anyone. None of them could satisfy Xuanzong. In order to please Xuanzong, Gao Lishi (高力士, 684-762), a famous eunuch in the Tang Dynasty, recommended Yang Yuhuan to the emperor. He praised Yang Yuhuan, saying "she was very beautiful and suitable for the court". Thereafter, the Emperor Xuanzong called Yang Yuhuan into the harem, however, not without years-long drama.

Well, Xuanzong was the father-in-law of Yang Yuhuan. According to the feudal etiquettes, making Yang Yuhuan his own concubine would be contrary to human ethics and could easily be a topic of the gossip among the masses.

The situation of Emperor Xuanzong of Tang was difficult. He wanted to make Yang Yuhuan his concubine, however, Li Chang had never known it before. If the emperor insisted on making Yang Yuhuan concubine, it would be contrary to the social norms and ethics. Hence, he had to be very cautious. Therefore, Tang Xuanzong did not dare to take his daughter-in-law as his concubine immediately, rather, he had to play a trick: the method of Yang Yuhuan first becoming a female Taoist nun (女道士).

The issues were, how and when to make Yang Yuhuan a nun? As the history had it, long years ago, in 693 AD, when Xuanzong was nearly nine years old, his mother, Empress Dowager Dou (唐玄宗母亲窦太后/窦氏, ?-693) was secretly killed by Wu Zetian (武则天, 624-705) in the inner palace of the capital Shendu (Luoyang). No one could figure out what happened, and even the bones could not be located.

Then, in the year 740, on the occasion of Empress Dowager Dou's "death anniversary", in order to "seek fortune forever", Yang Yuhuan was ordained as a female Taoist nun, and her Taoist name was Taizhen (太真). The emperor often met her secretly to seek "blessings." :)

As such, the identity of "female Taoist nun" was a cover up. With this arrangement, Taizhen could freely contact male guests, the emperor in her case. They eat, have tea and drinks together, chat, and have fun, throwing ambiguity to the outsiders. This idea was much more acceptable to the outside world, than the emperor meeting his daughter-in-law.

Meanwhile, in the same year 740, Li Chang ended his marriage with Yang Yuhuan.

In the year 745, Li Chang married Wei Shi (韦氏), a daughter of General Wei Zhaoxun (韦昭训). Afterwards, in the same year, Xuanzong named Yang Yuhuan as a concubine: Yang Guifei (杨贵妃). Her position rose equivalent to the queen. "The father grabbed his child's wife" (父夺子妻) became a strange tale in the Tang Dynasty.

Yang Guifei's brother, Yang Guozhong (杨国忠, ?-756), had a very chaotic lifestyle. He was addicted to alcohol and gambling in his early years. His behavior was despised by his relatives. After Yang Yuhan became close to the emperor, Yang Guozhong used tricks, and manipulated his sister, Yang Guifei, to rise to the power. He relied on the support of his sister and carefully served Xuanzong. Yang Guozhong was an opportunist and did what the emperor liked. He went on to become the prime minister in the imperial court. Yang Guozhong also became extravagant and corrupt in his life.

An Lushan (安禄山, 703-757), a military general, didn't like Yang Guozhong. Finally, in 755, in the name of killing the prime minister Yang Guozhong, he and Shi Siming (史思明, 703-761) brazenly launched the An-Shi Rebellion (安史之乱). Because the commanders who launched the anti-Tang rebellion were mainly An Lushan and Shi Siming, the incident was dubbed after their name: An Shi (安史).

The civil war was a turning point of the Tang Dynasty: from prosperity to decline. This war caused the Tang Dynasty to lose a lot of population and sharply reduce its national strength. About 300,000 soldiers had died since the start to the end of the rebellion.

When An Lushan rebelled, the entire Tang Dynasty appeared too weak. There was virtually no strong resistance. Under such circumstances, An

Lushan drove directly to the capital and captured the capital. Emperor Xuanzong, who was in a panic, was forced to flee with Yang Guifei and some security personnel, leaving the prince to guard the capital. Yang Guifei followed Tang Xuanzong into exile.

What no one expected was that when the group came to Maweipo (马嵬坡), because the sky was pouring rain, the army guarding the emperor was tired and exhausted, so they made a special request out of nowhere: If Concubine Yang Guifei and her brother Yang Guozhong were not killed, they would rebel and stop guarding Tang Xuanzong. They forced Yang Yuhuan to take the blame for the rebellion and chaotic situation. In desperation, Tang Xuanzong had no choice but to kill Yang Guifei and Yang Guozhong. Under the coercion of his soldiers, Tang Xuanzong strangled Yang Guifei to death.

As a beauty, Concubine Yang had enjoyed endless glory and wealth in her life. Several poems have been written to describe the beauty and life of Yang Guifei. Among them, Bai Juyi's (白居易, 772-846) long poem "Song of Everlasting Regret" 《长恨歌》 is very famous. The whole poem vividly describes the love tragedy between Tang Xuanzong and Yang Guifei. Here is a portion of the very long poem:

《长恨歌》

【作者】白居易 【朝代】唐译文对照

汉皇重色思倾国，御宇多年求不得。

杨家有女初长成，养在深闺人未识。

天生丽质难自弃，一朝选在君王侧。

回眸一笑百媚生，六宫粉黛无颜色。

春寒赐浴华清池，温泉水滑洗凝脂。

侍儿扶起娇无力，始是新承恩泽时。

云鬓花颜金步摇，芙蓉帐暖度春宵。

春宵苦短日高起，从此君王不早朝。

承欢侍宴无闲暇，春从春游夜专夜。

"Zhǎnghèngē"

[Zuòzhě] Báijūyì [Cháodài] Táng

hàn huáng zhòng sè sī qīng guó, yùyǔ duōnián qiú bùdé.

Yáng jiā yǒu nǚ chū zhǎng chéng, yǎng zài shēnguī rén wèi shí.

Tiānshēng lìzhì nán zìqì, yī zhāo xuǎn zài jūnwáng cè.

Huímóu yīxiào bǎi mèi shēng, liù gōng fěndài wú yánsè.

Chūnhán cì yù huáqīngchí, wēnquán shuǐ huá xǐ níngzhī.

Shì er fú qǐ jiāo wúlì, shǐ shì xīn chéng ēnzé shí.

Yúnbìn huā yán jīn bù yáo, fúróng zhàng nuǎn dù chūnxiāo.

Chūnxiāo kǔ duǎn rì gāo qǐ, cóngcǐ jūnwáng bù zǎocháo.

Chénghuān shì yàn wú xiánxiá, chūn cóng chūnyóu yè zhuān yè.

Unfortunately, when Yang Guifei was in her 40s, she encountered such an unpredictable disaster, which became really a great tragedy in her life.

The idiom 红颜薄命 best describes the fate of Yang Guifei:

- ✓ 红颜薄命 (hóng yán bó mìng): Beautiful women often have bad ends (death)

Some people think that she was a disaster for the Tang Empire, but few people know that as an emperor with great talent and strategy, Tang Xuanzong's fault was also very big. He became too passive to let Yang Guozhong mess up everything.

The tomb of Yang Guifei is located in Maweipo, another name of Maweiyi (马嵬驿), about 10 kilometers west of Xingping City, Xianyang City, Shaanxi Province (陕西省咸阳市兴平市西). It's about 60 kilometers away from Xi'an. The tomb is 3 meters high and hemispherical. It is made of blue bricks. There is a statue of Concubine Yang Guifei 6 meters high behind the tomb.

The love story between Yang Guifei and Tang Minghuang has been passed down through the ages. The poems praising the story of the two are carved around the tomb.

LOVE STORY (爱情故事)

1	世人	Shìrén	Common people
2	大都	Dàdū	For the most part; mostly
3	知道	Zhīdào	Know; realize; be aware of
4	爱情故事	Àiqíng gùshì	Love Story; romance
5	其实	Qíshí	Actually; in fact; as a matter of fact; really
6	之前	Zhīqián	Before; prior to; ago
7	还有	Hái yǒu	There is still some left; still
8	爱情	Àiqíng	Love; affection
9	故事	Gùshì	Story; tale; plot; old practice; routine
10	天生丽质	Tiānshēng lìzhì	A born beauty; heavenly beauty; be a flawless beauty
11	自弃	Zìqì	Consider oneself hopeless; have no urge to make progress
12	小便	Xiǎobiàn	Urinate; pass water; pee; empty one's bladder
13	哪儿	Nǎ'er	Where; anywhere; wherever
14	毕竟	Bìjìng	After all; all in all
15	面孔	Miànkǒng	Face; map
16	两眼	Liǎng yǎn	Both eyes; a couple of glimpses
17	先天	Xiāntiān	Congenital; inborn; innate; a priori
18	旁人	Pángrén	Other people; others
19	羡慕	Xiànmù	Admire; envy
20	再加上	Zài jiā shàng	Add; plus; and; more
21	从小	Cóngxiǎo	From childhood; since one was very young; as a child

22	才气	Cáiqì	Literary talent
23	儒雅	Rúyǎ	Learned and refined
24	气质	Qìzhí	Temperament; disposition; qualities
25	而外	Ér wài	Except; besides; aside from; apart from
26	体态	Tǐtài	Posture; carriage
27	舞姿	Wǔzī	Dancer's posture and movements
28	翩翩	Piānpiān	Dance lightly; gracefully moving
29	心目	Xīnmù	Mind; inward eye; mental view; mind's eye
30	偶然	Ǒurán	Accidental; fortuitous; casual; incidental
31	相识	Xiāngshí	Be acquainted with each other
32	相爱	Xiāng'ài	Love each other, in love with each other
33	相知	Xiāngzhī	Be well acquainted with each other; know each other well
34	女儿	Nǚ'ér	Daughter; girl
35	公主	Gōngzhǔ	Princess
36	举办	Jǔbàn	Conduct; hold; run
37	婚礼	Hūnlǐ	Wedding ceremony; wedding
38	弟弟	Dìdì	Younger brother; brother
39	也就是	Yě jiùshì	Namely; i.e.; that is
40	宴会	Yànhuì	Banquet; feast; dinner party
41	一见钟情	Yījiàn zhōngqíng	Fall in love at first sight
42	求亲	Qiúqīn	Seek a marriage alliance
43	迎娶	Yíngqǔ	Marry
44	在当时	Zài dāngshí	At that time; in those days; at the time

45	宠爱	Chǒng'ài	Make a pet of somebody; favor; love ardently; dote on
46	妃子	Fēizi	Imperial concubine
47	几率	Jǐlǜ	Probability
48	帮助	Bāngzhù	Help; aid; assist; assistance
49	果然	Guǒrán	Really; as expected; sure enough
50	顺利	Shùnlì	Plain sailing; smooth going; without a hitch; smoothly
51	但是	Dànshì	But; however; yet; still
52	时候	Shíhòu	Time
53	没有	Méiyǒu	Not have; there is not; be without
54	照面	Zhàomiàn	(Usually in the negative) put in an appearance
55	婚后	Hūn hòu	After marriage; after wedding
56	十分	Shífēn	Very; fully; utterly; extremely
57	幸福	Xìngfú	Happiness; well-being
58	美满	Měimǎn	Happy; perfectly satisfactory
59	夫唱妇随	Fūchàng fùsuí	The husband to sing and the wife to follow; a wife sings her husband's tune
60	小两口	Xiǎo liǎngkǒu	Young couple
61	恩爱	Ēn'ài	Conjugal love; affectionate
62	生活	Shēnghuó	Life; live; exist; livelihood
63	快活	Kuàihuó	Happy; merry; cheerful; joyful
64	神仙	Shénxiān	Supernatural being; celestial being; immortal
65	去世	Qùshì	Die; pass away
66	以后	Yǐhòu	After; later on; afterwards; later
67	终日	Zhōngrì	From morning till night; all day long
68	闷闷不乐	Mènmèn	Feel depressed; be depressed in

		bùlè	spirits
69	仿佛	Fǎngfú	Seem; as if; be more or less the same; be alike
70	灵魂	Línghún	Soul; spirit; thought
71	一般	Yībān	Same as; just like; sort; kind
72	后宫	Hòugōng	Imperial harem or seraglio
73	佳丽	Jiālì	Good, beautiful
74	大臣	Dàchén	Minister; secretary
75	进言	Jìnyán	Offer advice or an opinion
76	女子	Nǚzǐ	Woman; female
77	名叫	Míng jiào	Call; by the name of
78	媲美	Pìměi	Similar abilities; compare favorably with; rival; be on a par with; match each other
79	或许	Huòxǔ	Perhaps; maybe
80	得了	Déliǎo	Stop it; hold it
81	见到	Jiàn dào	See; meet; perceive
82	看上	Kàn shàng	Like; take a fancy to; settle on
83	儿媳妇	Ér xífù	Daughter-in-law
84	不好意思	Bù hǎoyìsi	Embarrassed; shy; coy; diffident
85	直接	Zhíjiē	Direct; immediate
86	说不过去	Shuōbu guòqù	Cannot be justified or explained away; have no excuse; hardly justifiable; doesn't make sense
87	手段	Shǒuduàn	Means; medium; measure; method
88	名正言顺	Míngzhèng yánshùn	Be right and proper; be perfectly justifiable
89	身边	Shēnbiān	At one's side

Chinese (中文)

世人大都只知道杨贵妃与唐玄宗的爱情故事，但其实在唐玄宗之前，杨玉环还有着一段凄美的爱情故事。

有一句诗说得好，天生丽质难自弃，这说的其实就是杨玉环。杨玉环从小便天生丽质，走到哪儿都是焦点。毕竟生的一副好面孔，谁都想多看两眼。这是先天决定的，旁人羡慕不来。

再加上杨玉环从小就收到优质的教育，是个有才气的女孩子，而且温尔儒雅，气质更是由内而外的散发出来，而且又会唱歌，又会跳舞，体态优美，舞姿翩翩，是多少男心目中的梦中情人的样子啊。

在一次偶然的机会下，杨玉环和寿王李瑁相识，并且相爱相知。当时唐玄宗的女儿咸宜公主举办婚礼，杨玉环也受邀参加了。而这李瑁，则是咸宜公主的弟弟，也就是唐玄宗的儿子了。

这李瑁和杨玉环在宴会上一见钟情，李瑁向他的妈妈也就是武惠妃说明了此事，并且希望他妈妈替他向唐玄宗求亲，迎娶杨玉环。在当时，武惠妃是唐玄宗最宠爱的妃子，所以如果由武惠妃向唐玄宗求赐婚，成功的几率更大。

有了武惠妃的帮助，果然很顺利，唐玄宗为李瑁和杨玉环赐了婚。但是这个时候唐玄宗和杨玉环并没有打过照面。

婚后，李瑁和杨玉环过的十分幸福美满，夫唱妇随，小两口过上了恩爱有加的生活，快活似神仙。

在武惠妃去世以后，唐玄宗终日闷闷不乐，仿佛灵魂被抽走了一般。后宫三千佳丽，他一个也看不上。

一大臣见状，向唐玄宗进言，说有一女子名叫杨玉环，可与武惠妃相媲美，或许能入得了唐玄宗的眼。

在这以后，唐玄宗才见到杨玉环，并且看上了他，但是碍于杨玉环是他的儿媳妇，不好意思直接抢人，于情于理都说不过去，所以唐玄宗用了很多手段才把杨玉环名正言顺的留在自己身边。

Pinyin (拼音)

Shìrén dàdū zhǐ zhīdào yáng guìfēi yǔ táng xuánzōng de àiqíng gùshì, dàn qíshí zài táng xuánzōng zhīqián, yáng yùhuán hái yǒuzhe yīduàn qīměi de àiqíng gùshì.

Yǒuyījù shī shuō dé hǎo, tiānshēng lìzhì nán zìqì, zhè shuō de qíshí jiùshì yáng yùhuán. Yáng yùhuán cóngxiǎo biàn tiānshēng lìzhì, zǒu dào nǎ'er dōu shì jiāodiǎn. Bìjìng shēng de yī fù hǎo miànkǒng, shéi dōu xiǎng duō kàn liǎng yǎn. Zhè shì xiāntiān juédìng de, pángrén xiànmù bù lái.

Zài jiā shàng yáng yùhuán cóngxiǎo jiù shōu dào yōuzhì de jiàoyù, shìgè yǒu cáiqì de nǚ háizi, érqiě wēn ěr rúyǎ, qìzhí gèng shì yóu nèi ér wài de sànfà chūlái, érqiě yòu huì chànggē, yòu huì tiàowǔ, tǐtài yōuměi, wǔzī piānpiān, shì duō shào nán xīnmù zhōng de mèng zhōng qíngrén de yàngzi a.

Zài yīcì ǒurán de jīhuì xià, yáng yùhuán héshòu wáng lǐ mào xiāngshí, bìngqiě xiāng'ài xiāngzhī. Dāngshí táng xuánzōng de nǚ'ér xián yí gōngzhǔ jǔbàn hūnlǐ, yáng yùhuán yě shòu yāo cānjiāle. Ér zhè lǐ mào, zé shì xián yí gōngzhǔ de dìdì, yě jiùshì táng xuánzōng de érzile.

Zhè lǐ mào hé yáng yùhuán zài yànhuì shàng yījiànzhōngqíng, lǐ mào xiàng tā de māmā yě jiùshì wǔhuìfēi shuōmíngliǎo cǐ shì, bìngqiě xīwàng tā māmā tì tā xiàng táng xuánzōng qiúqīn, yíngqǔ yáng yùhuán. Zài dāngshí, wǔhuìfēi shì táng xuánzōng zuì chǒng'ài de fēizi, suǒyǐ rúguǒ yóu wǔhuìfēi xiàng táng xuánzōng qiú cì hūn, chénggōng de jīlǜ gèng dà.

Yǒule wǔhuìfēi de bāngzhù, guǒrán hěn shùnlì, táng xuánzōng wèi lǐ mào hé yáng yùhuán cìle hūn. Dànshì zhège shíhòu táng xuánzōng hé yáng yùhuán bìng méiyǒu dǎguò zhàomiàn.

Hūn hòu, lǐ mào hé yáng yùhuánguò de shífēn xìngfú měimǎn, fūchàngfùsuí, xiǎo liǎngkǒuguò shàngle ēn'ài yǒu jiā de shēnghuó, kuàihuó shì shénxiān.

Zài wǔhuìfēi qùshì yǐhòu, táng xuánzōng zhōngrì mènmènbùlè, fǎngfú línghún bèi chōu zǒule yībān. Hòugōng sānqiān jiālì, tā yīgè yě kàn bù shàng.

Yī dàchén jiàn zhuàng, xiàng táng xuánzōng jìnyán, shuō yǒu yī nǚzǐ míng jiào yáng yùhuán, kě yǔ wǔhuìfēi xiāng pìměi, huòxǔ néng rù déliǎo táng xuánzōng de yǎn.

Zài zhè yǐhòu, táng xuánzōng cái jiàn dào yáng yùhuán, bìngqiě kàn shàngle tā, dànshì ài yú yáng yùhuán shì tā de ér xífù, bù hǎoyìsi zhíjiē qiǎng rén, yú qíng yú lǐ dōu shuōbuguòqù, suǒyǐ táng xuánzōng yòngle hěnduō shǒuduàn cái bǎ yáng yùhuán míngzhèngyánshùn de liú zài zìjǐ shēnbiān.

THE YANG FAMILY'S POWER (杨家得势)

1	宠爱	Chǒng'ài	Make a pet of somebody; favor; love ardently; dote on
2	兄弟姐妹	Xiōngdì jiěmèi	Brothers and sisters
3	跟着	Gēnzhe	Follow; in the wake of
4	沾光	Zhānguāng	Benefit from association with somebody or something; gain some advantage from another; profit from association with
5	可谓	Kěwèi	One may well say; it may be said; it may be called
6	鸡犬升天	Jīquǎn shēngtiān	Fowls and dogs turn immortals; relatives and followers of a high official got promotion after him
7	每一个人	Měi yīgè rén	Everybody; everyone; Every man
8	赏赐	Shǎngcì	Grant a reward; award
9	或多或少	Huò duō huò shǎo	More or less; to a greater or lesser extent
10	从此	Cóngcǐ	From this time on; from now on; from then on; henceforth
11	富贵	Fùguì	Riches and honor; wealth and rank
12	人家	Rénjiā	Household; other; another
13	荣华富贵	Rónghuá fùguì	Glory, splendor, wealth and rank; high position and great wealth
14	山珍海味	Shānzhēn hǎiwèi	Table delicacies from land and sea; a feast of fat things; all kinds of costly foods; exotic food from mountains and seas

15	珍奇	Zhēnqí	Rare
16	珠宝	Zhūbǎo	Pearls and jewels; jewelry; gem; bijou
17	应有尽有	Yīngyǒu jìnyǒu	Have everything that one expects to find; have all that is necessary
18	普天之下	Pǔtiān zhī xià	All over the world
19	皇室	Huángshì	Imperial household; royal household
20	早已	Zǎoyǐ	Long ago; for a long time
21	逝世	Shìshì	Pass away; die
22	追加	Zhuījiā	Add to
23	太守	Tàishǒu	Prefecture chief in feudal China
24	殊荣	Shūróng	Unusual glory; special honors; special honors
25	叔叔	Shūshu	Uncle; father's younger brother; (a child's form of address for any young man, one generation its senior)uncle
26	堂兄弟	Táng xiōngdì	First cousins on the paternal side
27	提携	Tíxié	Lead by the hand
28	远房亲戚	Yuǎnfáng qīnqī	Distant relative; remote kinsfolk
29	提拔	Tíbá	Promote; preferment
30	据说	Jùshuō	It is said; they say; allegedly
31	远房	Yuǎnfáng	Distantly related
32	表哥	Biǎo gē	Cousin; a son of father's sister or of mother's brother or sister. Who is older than oneself; elder male cousin
33	改名	Gǎimíng	Change the name

34	着重	Zhuózhòng	Stress; emphasize
35	本来	Běnlái	Original
36	不学无术	Bù xué wú shù	Have neither knowledge, nor skill; be ignorant and incompetent
37	平时	Píngshí	In normal times; at ordinary times; in peacetime
38	小聪明	Xiǎo cōngmíng	Cleverness in trivial matters; petty trick; be intelligent in small ways; petty shrewdness
39	得宠	Déchǒng	Find favor with somebody; be in somebody's good graces
40	亲戚	Qīnqī	Relative; kinsman; kinswoman; kinsfolk
41	功夫	Gōngfū	Workmanship; skill; art; ability
42	不仅仅	Bùjǐn jǐn	More than; Not only; not just
43	拉拢	Lālǒng	Draw somebody over to one's side; cozy up to; rope in
44	大臣	Dàchén	Minister; secretary
45	博得	Bódé	Win; gain; obtain
46	他们的	Tāmen de	Their; theirs
47	面前	Miànqián	In face of; in front of; before
48	表现自己	Biǎoxiàn zìjǐ	Assert oneself; project oneself
49	比如说	Bǐrú shuō	For example; For example; say; For instance
50	请求	Qǐngqiú	Ask; request; demand; beg
51	于是	Yúshì	Thereupon; hence; consequently; as a result
52	因而	Yīn'ér	Thus; as a result; with the result that
53	信任	Xìnrèn	Trust; have confidence in; believe in; take stock in

#			
54	野心	Yěxīn	Wild ambition
55	不止	Bùzhǐ	More than; exceed; not limited to
56	惦记	Diànjì	Remember with concern; be concerned about; keep thinking about
57	宰相	Zǎixiàng	Prime minister; chancellor
58	处心积虑	Chǔxīn jīlǜ	Deliberately plan; brood over a matter for a long time; ceaselessly to intrigue; have all along nurtured schemes to
59	布局	Bùjú	Overall arrangement; layout; geographical layout; distribution
60	等到	Děngdào	By the time; when
61	去世	Qùshì	Die; pass away
62	无可厚非	Wúkě hòufēi	No ground for blame; be not altogether inexcusable; give no cause for much criticism; There is nothing to be said against it
63	终于	Zhōngyú	At last; in the end; finally; eventually
64	上任	Shàngrèn	Take up an official post; assume office
65	不仅	Bùjǐn	Not the only one
66	做出	Zuò chū	Make (a decision, etc.)
67	糟糕	Zāogāo	How terrible; what bad luck; too bad
68	没什么	Méi shénme	It doesn't matter; it's nothing; that's all right; never mind
69	说白	Shuōbái	Spoken parts in an opera
70	地痞流氓	Dìpǐ liúmáng	Local bullies and loafers; hooligans and gangsters
71	管路	Guǎn lù	Pipeline; canal; channel
72	之下	Zhī xià	Under

| 73 | 爆发 | Bàofā | Erupt; burst; break out; blow up |
| 74 | 安史之乱 | Ānshǐ zhīluàn | Rebellion of An Lushan and Shi Siming |

Chinese (中文)

自从杨贵妃得到唐玄宗的宠爱后，她的兄弟姐妹们也都跟着沾光，可谓是一人得道鸡犬升天啊。可以毫不夸张的说，杨家的每一个人都因杨贵妃而受到了赏赐，只是或多或少的问题罢了。

从此，杨家一跃成为最富贵的人家，没有几家能像杨家这样位高权重，而且生活的十分荣华富贵，不管是山珍海味，还是珍奇珠宝，应有尽有。普天之下，恐怕也只有皇室可以与之相比了。

杨贵妃的父亲，虽然早已逝世，还被追加为太守，可见其殊荣。还有杨贵妃的母亲，哥哥，叔叔，姐姐，堂兄弟全被提携，甚至一个远房亲戚都被提拔了，这个人就是杨钊，据说是杨玉环的远房表哥，后来改名为杨国忠。这个人得注意一下，对后来的故事发展有着很大的影响，这里我们着重注意一下。

杨钊本来是一个不学无术的人，但是平时又爱耍点小聪明。在知道杨贵妃得宠后，杨钊利用自己和杨贵妃这层远房亲戚的关系，一步一步爬到了更高的位置上。才几年的功夫，就已经身兼数职了。

杨钊不仅仅拉拢朝中其他大臣，博得他们的信任，还在唐玄宗面前一个劲的表现自己。比如说，杨钊请求唐玄宗给他改名，唐玄宗当然很愿意了，于是给他改名为杨国忠，因而对他也更加信任了。

但是杨钊的野心远不止于此，他还惦记着宰相的位置，所以他一直处心积虑地布局，等到宰相去世后，他无可厚非的当上了新的宰相，终于达到了目的。

杨国忠上任后，不仅没有做出任何的改变，而且还治理的更加糟糕，因为杨国忠没什么管理才能，只有一点小聪明罢了，说白了就是一个地痞流氓，所以在他的管路之下，三年后就爆发了安史之乱。

Pinyin (拼音)

Zìcóng yáng guìfēi dédào táng xuánzōng de chǒng'ài hòu, tā de xiōngdì jiěmèimen yě dū gēnzhe zhānguāng, kěwèi shì yīrén dé dào jīquǎnshēngtiān a. Kěyǐ háo bù kuāzhāng de shuō, yáng jiā de měi yīgè rén dōu yīn yáng guìfēi ér shòudàole shǎngcì, zhǐshì huò duō huò shǎo de wèntí bàle.

Cóngcǐ, yáng jiā yì yuè chéngwéi zuì fùguì de rénjiā, méiyǒu jǐ jiā néng xiàng yáng jiā zhèyàng wèi gāo quánzhòng, érqiě shēnghuó de shífēn rónghuá fùguì, bùguǎn shì shānzhēnhǎiwèi, háishì zhēnqí zhūbǎo, yīngyǒujìnyǒu. Pǔtiān zhī xià, kǒngpà yě zhǐyǒu huángshì kěyǐ yǔ zhī xiāng bǐle.

Yáng guìfēi de fùqīn, suīrán zǎoyǐ shìshì, hái bèi zhuījiā wèi tàishǒu, kějiàn qí shūróng. Hái yǒu yáng guìfēi de mǔqīn, gēgē, shūshu, jiějiě, táng xiōngdì quán bèi tíxié, shènzhì yīgè yuǎnfáng qīnqī dōu bèi tíbále, zhège rén jiùshì yáng zhāo, jùshuō shì yáng yùhuán de yuǎnfáng biǎo gē, hòulái gǎimíng wèi yángguózhōng. Zhège rén dé zhùyì yīxià, duì hòulái de gùshì fāzhǎn yǒuzhe hěn dà de yǐngxiǎng, zhèlǐ wǒmen zhuózhòng zhùyì yīxià.

Yáng zhāo běnlái shì yīgè bù xué wú shù de rén, dànshì píngshí yòu ài shuǎ diǎn xiǎocōngmíng. Zài zhīdào yáng guìfēi déchǒng hòu, yáng zhāo lìyòng zìjǐ hé yáng guìfēi zhè céng xuǎn fáng qīnqī de guānxì, yībù yībù pá dàole gèng gāo de wèizhì shàng. Cái jǐ nián de gōngfū, jiù yǐjīng shēn jiān shù zhíle.

Yáng zhāo bùjǐn jǐn lālǒng cháo zhōng qítā dàchén, bódé tāmen de xìnrèn, hái zài táng xuánzōng miànqián yī ge jìn de biǎoxiàn zìjǐ. Bǐrú shuō, yáng zhāo qǐngqiú táng xuánzōng gěi tā gǎimíng, táng xuánzōng dāngrán hěn yuànyìle, yúshì gěi tā gǎimíng wèi yángguózhōng, yīn'ér duì tā yě gèngjiā xìnrènle.

Dànshì yáng zhāo de yěxīn yuǎn bùzhǐ yú cǐ, tā hái diànjìzhe zǎixiàng de wèizhì, suǒyǐ tā yīzhí chǔxīnjīlǜ de bùjú, děngdào zǎixiàng qùshì hòu, tā wúkěhòufēi dí dàng shàngle xīn de zǎixiàng, zhōngyú dádàole mùdì.

Yángguózhōng shàngrèn hòu, bùjǐn méiyǒu zuò chū rènhé de gǎibiàn, érqiě huán zhìlǐ de gèngjiā zāogāo, yīnwèi yángguózhōng méishénme guǎnlǐ cáinéng, zhǐyǒu yīdiǎn xiǎocōngmíng bàle, shuōbáile jiùshì yīgè dìpǐ liúmáng, suǒyǐ zài tā de guǎn lù zhī xià, sān nián hòu jiù bàofāle ānshǐzhīluàn.

SOURCE OF WOMEN'S RADIANT BEAUTY ("羞花"来源)

1	只要	Zhǐyào	So long as; provided
2	靠近	Kàojìn	Near; close to; by
3	叶子	Yèzi	Leaf; foliage; playing cards
4	花苞	Huābāo	Bud
5	随之	Suí zhī	Then
6	闭合	Bìhé	Close; shutting
7	好像	Hǎoxiàng	Seem; be like
8	害羞	Hàixiū	Be bashful; be shy
9	没错	Méi cuò	Be sure; be certain; can't go wrong; be sure to succeed
10	含羞草	Hánxiū cǎo	Sensitive plant
11	时候	Shíhòu	Time
12	郁郁寡欢	Yùyù guǎhuān	Feel depressed; be in low spirits
13	不得	Bùdé	Mustn't; may not; shouldn't
14	笑颜	Xiàoyán	Smiling face
15	有一次	Yǒu yīcì	Once; on one occasion
16	宫女	Gōngnǚ	A maid in an imperial palace; maid of honor
17	一起	Yīqǐ	In the same place; together; in company; altogether
18	赏花	Shǎng huā	Enjoy flowers
19	可谓	Kěwèi	One may well say; it may be said
20	无意中	Wúyì zhōng	Accidentally; unintentionally; unexpectedly
21	含羞	Hánxiū	With a shy look; bashfully; shy
22	立马	Lìmǎ	Pull up a horse
23	美貌	Měimào	Beautiful

24	花儿	Huā er	A kind of folk song; popular in Gansu; Qinghai and Ningxia
25	自愧不如	Zì kuì bùrú	Feel ashamed of one's inferiority
26	当时	Dāngshí	Then; at that time
27	不知道	Bù zhīdào	A stranger to; have no idea; I don't know; No
28	其实	Qíshí	Actually; in fact; as a matter of fact; really
29	碰到	Pèng dào	Meet; run into
30	故事	Gùshì	Story; tale; plot; old practice; routine
31	美人	Měirén	Beautiful woman; beauty
32	起头	Qǐtóu	Start; originate; initiate
33	召见	Zhàojiàn	Call in
34	果然	Guǒrán	Really; as expected; sure enough
35	名不虚传	Míngbù xūchuán	Have a well-deserved reputation; be equal to one's reputation; deserve the reputation one enjoys
36	难得	Nándé	Hard to come by; rare
37	贵妃	Guìfēi	Highest-ranking imperial concubine
38	从此	Cóngcǐ	From this time on; from now on; from then on; henceforth
39	如同	Rútóng	Like; similar to; as
40	快车	Kuàichē	Express train; express bus; express stripe; fast train
41	一般	Yībān	Same as; just like; sort; kind
42	取得	Qǔdé	Acquire; gain; obtain
43	宠爱	Chǒng'ài	Make a pet of somebody; favor; love ardently; dote on

44	而且	Érqiě	Not only … but; and that; and
45	万千	Wàn qiān	Multifarious; myriad
46	旁人	Pángrén	Other people; others

Chinese (中文)

有一种植物，只要有人靠近或者是碰了它一下，它的叶子和花苞都随之闭合，就好像害羞了一样。你猜到这种植物是什么了吗？没错，就是含羞草。

而这杨玉环，在刚入宫的时候，整日郁郁寡欢，不得笑颜。

有一次，杨玉环和宫女们一起赏花，这杨玉环可谓是人比花娇。在赏花的时候，杨玉环无意中碰到了含羞草，含羞草的叶子便立马闭了起来。

与她同行的宫女们都笑着说，是因为杨玉环的美貌使得这花儿都害羞的低下了头，自愧不如。杨玉环听了，很是害羞。

当时的人不知道这是含羞草，其实不管谁碰到了含羞草，含羞草都会把叶子闭起来的，而这个故事也让杨玉环一炮而红。

唐玄宗听说了宫中有个美人把花儿都羞得抬不起头，饶有兴趣，便召见了杨玉环。见到杨玉环，果然名不虚传，这美貌真是难得一见，后来封杨玉环为贵妃。

从此，杨贵妃如同搭上了快车一般，很快就取得了唐玄宗的宠爱，而且集万千宠爱于一身，羡煞旁人。

Pinyin (拼音)

Yǒuyī zhòng zhíwù, zhǐyào yǒurén kàojìn huòzhě shì pèngle tā yīxià, tā de yèzi hé huābāo dōu suí zhī bìhé, jiù hǎoxiàng hàixiūle yīyàng. Nǐ cāi dào zhè zhòng zhíwù shì shénmeliǎo ma? Méi cuò, jiùshì hánxiū cǎo.

Ér zhè yáng yùhuán, zài gāng rù gōng de shíhòu, zhěng rì yùyù guǎhuān, bùdé xiàoyán.

Yǒu yīcì, yáng yùhuán hé gōngnǚmen yīqǐ shǎng huā, zhè yáng yùhuán kěwèi shì rén bǐ huā jiāo. Zài shǎng huā de shíhòu, yáng yùhuán wúyì zhōng pèng dàole hánxiū cǎo, hánxiū cǎo de yèzi biàn lìmǎ bìle qǐlái.

Yǔ tā tóngxíng de gōngnǚmen dōu xiàozhe shuō, shì yīnwèi yáng yùhuán dì měimào shǐdé zhè huā er dōu hàixiū de dīxiàle tóu, zì kuì bùrú. Yáng yùhuán tīngle, hěn shì hàixiū.

Dāngshí de rén bù zhīdào zhè shì hánxiū cǎo, qíshí bùguǎn shéi pèng dàole hánxiū cǎo, hánxiū cǎo dūhuì bǎ yèzi bì qǐlái de, ér zhège gùshì yě ràng yáng yùhuán yī pào ér hóng.

Táng xuánzōng tīng shuōle gōng zhōng yǒu gè měirén bǎ huā er dōu xiū dé tái bù qǐtóu, ráo yǒu xìngqù, biàn zhàojiànle yáng yùhuán. Jiàn dào yáng yùhuán, guǒrán míngbùxūchuán, zhè měimào zhēnshi nándé yī jiàn, hòulái fēng yáng yùhuán wéi guìfēi.

Cóngcǐ, yáng guìfēi rútóng dā shàngle kuàichē yībān, hěn kuài jiù qǔdéle táng xuánzōng de chǒng'ài, érqiě jí wàn qiān chǒng'ài yú yīshēn, xiàn shā pángrén.

THE CONCUBINE'S SMILE (妃子一笑)

1	永远	Yǒngyuǎn	Always; forever; ever; in perpetuity
2	无法	Wúfǎ	Unable; incapable
3	想象	Xiǎngxiàng	Imagination; imagine; think; visualize
4	为了	Wèile	For; for the sake of; in order to
5	花费	Huāfèi	Spend; expend; cost; money spent; expenditure; expenses
6	多少	Duōshǎo	Number; amount; how many; how much
7	心血	Xīnxuè	Painstaking care; painstaking effort
8	得宠	Déchǒng	Find favor with somebody; be in somebody's good graces
9	百般	Bǎibān	All sorts; every kind; by all manner of means; by all means
10	宠爱	Chǒng'ài	Make a pet of somebody; favor; love ardently; dote on
11	在一起	Zài yīqǐ	Be together; hold together
12	喝酒	Hējiǔ	Drink; drinking; drink wine; Drinks
13	琵琶	Pípá	Pipa; a traditional Chinese plucked string music instrument with a fretted fingerboard; 4-stringed Chinese lute
14	曼妙	Mànmiào	Lithe and graceful
15	温柔	Wēnróu	Gentle; pleasingly affectionate; gentle and soft
16	语气	Yǔqì	Tone; manner of speaking; mood
17	神魂颠倒	Shénhún diāndǎo	Be entranced; be carried away with
18	杜牧	Dùmù	Du Mu, a Tang poet
19	曾经	Céngjīng	Once

20	里面	Lǐmiàn	Inside; interior; inward
21	这么	Zhème	So; such; this way; like this
22	红尘	Hóngchén	The world of mortals; human society; the material or secular world
23	妃子	Fēizi	Imperial concubine
24	无人	Wú rén	Unmanned; uninhabited; depopulated; self-service
25	荔枝	Lìzhī	Leechee (fruit)
26	当然	Dāngrán	As it should be; only natural; without doubt; certainly
27	典故	Diǎngù	Allusion; literary quotation
28	原来	Yuánlái	Original; former; in the first place
29	博得	Bódé	Win; gain; obtain
30	欢喜	Huānxǐ	Joyful; happy; delighted
31	每当	Měi dāng	Whenever; every time
32	收获	Shōuhuò	Gather in the crops; harvest; reap; results
33	季节	Jìjié	Season; time
34	公里	Gōnglǐ	Kilometer
35	新鲜	Xīnxiān	Fresh; new; novel; strange
36	露水	Lùshuǐ	Dew
37	美酒	Měijiǔ	Good wine
38	酿酒	Niàngjiǔ	Make wine; brew beer
39	高山	Gāoshān	Alp; high mountain
40	清新	Qīngxīn	Pure and fresh; fresh
41	甘甜	Gāntián	Sweet
42	美味	Měiwèi	Delicious food; delicacy; delicious
43	十足	Shízú	100 per cent; out-and-out; sheer; downright
44	除此以外	Chú cǐ yǐwài	Except for this; in addition; save that
45	生活	Shēnghuó	Life; live; exist; livelihood

46	十分	Shífēn	Very; fully; utterly; extremely
47	奢靡	Shēmí	Extravagant; wasteful
48	吃喝玩乐	Chīhē wánlè	Enjoy oneself with feasting; indulge in eating, drinking and pleasure-seeking
49	应有尽有	Yīngyǒu jìnyǒu	Have everything that one expects to find; have all that is necessary
50	只要	Zhǐyào	So long as; provided
51	想要	Xiǎng yào	Want; intend; wish
52	满足	Mǎnzú	Satisfied; content; contented; satisfy
53	时时	Shíshí	Often; constantly
54	对饮	Duì yǐn	Drink together
55	李白	Lǐbái	Li Bai, a celebrated poet of China
56	赋诗	Fù shī	Compose a poem
57	回眸	Huímóu	Glance back
58	粉黛	Fěndài	Ladies in the palace (or of a rich family)
59	颜色	Yánsè	Color; countenance; facial expression; pigment
60	心目	Xīnmù	Mind; inward eye; mental view; mind's eye
61	形象	Xíngxiàng	Image; form; figure; vivid
62	捧上了天	Pěng shàngle tiān	Praise above the moon

Chinese (中文)

你永远也无法想象，唐玄宗为了博杨贵妃一笑花费了多少心血。

自从杨贵妃得宠后，唐玄宗便百般宠爱她。当然杨贵妃也没有让唐玄宗失望，和唐玄宗在一起的时候，又是喝酒，又是跳舞，又是弹琵琶，那曼妙的身姿和温柔的语气使得唐玄宗为她神魂颠倒。

杜牧曾经写过一首诗，里面有两句是这么写的，"一骑红尘妃子笑，无人知是荔枝来"。这里的妃子当然指的就是杨贵妃了，而这荔枝又有何典故呢？

原来是杨贵妃喜欢吃荔枝，而唐玄宗为了博得杨贵妃的欢喜，每当到了荔枝收获的季节，唐玄宗便命人从几公里甚至十几公里外的地方运新鲜的荔枝到宫里来，而且还要求带着露水的，这样的才更新鲜。

除了荔枝，还有一种美酒。酿酒用的水是从高山上取下来的新鲜露水，用这种露水酿出来的酒清新甘甜，美味十足。

除此以外，杨贵妃在宫中的生活也是十分奢靡，吃喝玩乐，应有尽有，只要她想要的，唐玄宗都会满足她。

唐玄宗时时与杨贵妃对饮，同时还叫来李白为杨贵妃赋诗。李白所写的"回眸一笑百媚生，六宫粉黛无颜色"便是杨贵妃在唐玄宗心目中的形象了吧，唐玄宗真的把杨贵妃捧上了天。

Pinyin (拼音)

Nǐ yǒngyuǎn yě wúfǎ xiǎngxiàng, táng xuánzōng wèile bó yáng guìfēi yīxiào huāfèile duōshǎo xīnxuè.

Zìcóng yáng guìfēi déchǒng hòu, táng xuánzōng biàn bǎibān chǒng'ài tā. Dāngrán yáng guìfēi yě méiyǒu ràng táng xuánzōng shīwàng, hé táng xuánzōng zài yīqǐ de shíhòu, yòu shì hējiǔ, yòu shì tiàowǔ, yòu shì dàn pípá, nà mànmiào de shēn zī hé wēnróu de yǔqì shǐdé táng xuánzōng wèi tā shénhún diāndǎo.

Dùmù céngjīng xiěguò yī shǒu shī, lǐmiàn yǒu liǎng jù shì zhème xiě de,"yī qí hóngchén fēizi xiào, wú rénzhī shì lìzhī lái". Zhèlǐ de fēizi dāngrán zhǐ de jiùshì yáng guìfēile, ér zhè lìzhī yòu yǒu hé diǎngù ne?

Yuánlái shì yáng guìfēi xǐhuān chī lìzhī, ér táng xuánzōng wèile bódé yáng guìfēi de huānxǐ, měi dāng dàole lìzhī shōuhuò de jìjié, táng xuánzōng biàn mìng rén cóng jǐ gōnglǐ shènzhì shí jǐ gōnglǐ wài dì dìfāng yùn xīnxiān de lìzhī dào gōng lǐ lái, érqiě hái yāoqiú dàizhe lùshuǐ de, zhèyàng de cái gēng xīnxiān.

Chúle lìzhī, hái yǒuyī zhǒng měijiǔ. Niàngjiǔ yòng de shuǐ shì cóng gāoshān shàng qǔ xiàlái de xīnxiān lùshuǐ, yòng zhè zhǒng lùshuǐ niàng chūlái de jiǔ qīngxīn gāntián, měiwèi shízú.

Chú cǐ yǐwài, yáng guìfēi zài gōng zhōng de shēnghuó yěshì shífēn shēmí, chīhē wánlè, yīngyǒujìnyǒu, zhǐyào tā xiǎng yào de, táng xuánzōng dūhuì mǎnzú tā.

Táng xuánzōng shíshí yǔ yáng guìfēi duì yǐn, tóngshí hái jiào lái lǐbái wèi yáng guìfēi fù shī. Lǐbái suǒ xiě de "huímóu yīxiào bǎi mèi shēng, liù gōng fěndài wú yánsè" biàn shì yáng guìfēi zài táng xuánzōng xīnmù zhōng de xíngxiàngle ba, táng xuánzōng zhēn de bǎ yáng guìfēi pěng shàngle tiān.

THE MYSTERY OF THE QUEEN (皇后之谜)

1	可能会	Kěnéng huì	Likely; may; maybe
2	既然	Jìrán	Since; as; now that
3	这么	Zhème	So; such; this way; like this
4	喜爱	Xǐ'ài	Like; love; be fond of; be keen on
5	为什么	Wèishéme	Why; why is it that; how is it that
6	册封	Cèfēng	Confer titles of nobility on; invest with rank
7	皇后	Huánghòu	Empress
8	很多	Hěnduō	A lot of; a great many of; a good many of
9	讨论	Tǎolùn	Discuss; talk over
10	原来	Yuánlái	Original; former; in the first place
11	本来	Běnlái	Original
12	儿子	Érzi	Son
13	也就是	Yě jiùshì	Namely; i.e.; that is
14	恩爱	Ēn'ài	Conjugal love; affectionate
15	婚事	Hūnshì	Marriage; wedding
16	还是	Háishì	Still; nevertheless; all the same
17	还没有	Hái méiyǒu	Not yet; be yet to seek; No, not yet
18	见到	Jiàn dào	See; meet; perceive
19	直到	Zhídào	Until
20	瞬间	Shùnjiān	Moment; instant; minute; wink
21	迷住	Mí zhù	Charm; fascinate; bewitch; entrance

22	不能	Bùnéng	Cannot; must not; should not; unable
23	明目张胆	Míngmù zhāngdǎn	In a flagrant way; before one's very eyes; brazenly to commit an act of; do evil things openly and unscrupulously
24	更何况	Gèng hékuàng	Moreover
25	妻子	Qīzi	Wife; wife and children
26	所以	Suǒyǐ	So; therefore; as a result
27	设计	Shèjì	Devise; project; plan; design
28	周折	Zhōuzhé	Twists and turns; setbacks; a complicated course of development; trouble
29	之后	Zhīhòu	Later; after; afterwards
30	终于	Zhōngyú	At last; in the end; finally; eventually
31	如愿以偿	Rúyuàn yǐcháng	Have got one's wish; accomplish everything agreeable to one's wishes; achieve what one wishes
32	为自己	Wèi zìjǐ	For oneself; for himself; for myself
33	贵妃	Guìfēi	Highest-ranking imperial concubine
34	虽然	Suīrán	Though; although
35	十分	Shífēn	Very; fully; utterly; extremely
36	气恼	Qìnǎo	Get angry; take offence; be ruffled; be peeved
37	不得不	Bùdé bù	Have no choice but to; be bound to; be obliged to do something; cannot but
38	服从	Fúcóng	Obey; submit to; be

			subordinated to; abide
39	皇帝	Huángdì	Emperor
40	拥有	Yǒngyǒu	Possess; have; own
41	一手遮天	Yīshǒu zhētiān	Shut out the heavens with one palm; cover the sky with one hand; hide the truth from the masses; hoodwink the public
42	无能为力	Wúnéng wéilì	Incapable of action; can do nothing for somebody
43	虽说	Suīshuō	Though; although
44	唐朝	Táng cháo	Tang Dynasty
45	开明	Kāimíng	Enlightened; liberal; open-minded
46	抢走	Qiǎng zǒu	Loot; rap
47	说不过去	Shuōbu guòqù	Cannot be justified or explained away; have no excuse; hardly justifiable; doesn't make sense
48	不合	Bùhé	Not conform to; be unsuited to; be out of keeping with
49	贸然	Màorán	Rashly; hastily; without careful consideration
50	不能够	Bù nénggòu	Unable; not able; Ability and Inability
51	老百姓	Lǎobǎi xìng	Folk; common people; ordinary people; civilians
52	信服	Xìnfú	Completely accept; be convinced
53	再者	Zài zhě	Moreover; furthermore; besides
54	恐怕	Kǒngpà	I'm afraid; fear
55	引来	Yǐn lái	Lead to; guide to; lure to
56	不满	Bùmǎn	Resentful; discontented; dissatisfied

57	造反	Zàofǎn	Rise in rebellion; rebel; revolt
58	到时候	Dào shíhòu	By the time; That time; in due course; at that time
59	得不偿失	Débù chángshī	The loss outweighs the gain; Gains cannot make up for losses; lose more than gain; more kicks than halfpence
60	轻易	Qīngyì	Easily; readily
61	还有	Hái yǒu	There is still some left; still; furthermore; in addition
62	一直	Yīzhí	Straight; straightforward
63	道理	Dàolǐ	Truth; reason; principle
64	太子	Tàizǐ	Crown prince
65	大臣	Dàchén	Minister; secretary
66	必然	Bìrán	Inevitable; certain; necessarily; necessity
67	反对	Fǎnduì	Oppose; be opposed to; object to; be against
68	考虑	Kǎolǜ	Think over; take into account; consider; regard
69	没有	Méiyǒu	Not have; there is not; be without; not so ...as
70	但是	Dànshì	But; however; yet; still
71	已经	Yǐjīng	Already
72	荣华富贵	Rónghuá fùguì	Glory, splendor, wealth and rank; high position and great wealth
73	毋庸置疑	Wúyōng zhìyí	Beyond all doubt; allow of no doubt

Chinese (中文)

有人可能会问，既然唐玄宗这么喜爱杨贵妃，独宠她一人，那为什么没册封她为皇后呢。关于这个问题，也有很多讨论。

原来唐玄宗是通过不正当的手段得到杨贵妃的。杨贵妃本来与唐玄宗的儿子也就是寿王李瑁是一对，而且两人恩爱有加。而且这桩婚事还是唐玄宗赐的，但是这个时候唐玄宗还没有见到过杨贵妃。

直到五年后，唐玄宗见到了杨玉环，瞬间就被杨玉环迷住了。但是唐玄宗也知道自己不能明目张胆的抢，更何况还是自己儿子的妻子。所以他设计了一番，几经周折之后终于如愿以偿将杨玉环封为自己的贵妃。

虽然唐玄宗的儿子十分气恼，却又不得不服从，谁让皇帝就是拥有着一手遮天的能力呢，他也无能为力。

虽说唐朝是一个很开放，很开明的社会，但是父亲抢走儿子的妻子，怎么也说不过去，不合伦理。如果唐玄宗贸然把杨贵妃封为皇后，首先一个不能够让天下的老百姓信服，不能服众。

再者，唐玄宗已经抢了他儿子的妻子了，如果还要把她封为皇后的话，恐怕会引来他儿子极大的不满，严重的话甚至可能会起兵造反，到时候就得不偿失了，所以也不敢轻易封他为后。

还有很重要的一个原因就是杨贵妃一直都没有为唐玄宗生下一儿半女，按道理来说皇后的儿子是要被册封为太子的，而杨贵妃一直没有孩子，是封她为皇后的话，那些大臣必然也会反对。

所以综上考虑，唐玄宗并没有把扬贵妃封为皇后，但是她也已经享尽了皇后的荣华富贵，这点是毋庸置疑的。

Pinyin (拼音)

Yǒurén kěnéng huì wèn, jìrán táng xuánzōng zhème xǐ'ài yáng guìfēi, dú chǒng tā yīrén, nà wèishéme méi cèfēng tā wèi huánghòu ne. Guānyú zhège wèntí, yěyǒu hěnduō tǎolùn.

Yuánlái táng xuánzōng shì tōngguò bu zhèngdàng de shǒuduàn dédào yáng guìfēi de. Yáng guìfēi běnlái yǔ táng xuánzōng de érzi yě jiùshì shòu wáng lǐ mào shì yī duì, érqiě liǎng rén ēn'ài yǒu jiā. Érqiě zhè zhuāng hūnshì háishì táng xuánzōng cì de, dànshì zhège shíhòu táng xuánzōng hái méiyǒu jiàn dàoguò yáng guìfēi.

Zhídào wǔ nián hòu, táng xuánzōng jiàn dàole yáng yùhuán, shùnjiān jiù bèi yáng yùhuán mí zhùle. Dànshì táng xuánzōng yě zhīdào zìjǐ bùnéng míngmùzhāngdǎn de qiǎng, gèng hékuàng háishì zìjǐ érzi de qīzi. Suǒyǐ tā shèjìle yī fān, jǐjīng zhōuzhé zhīhòu zhōngyú rúyuànyǐcháng jiāng yáng yùhuán fēng wèi zìjǐ de guìfēi.

Suīrán táng xuánzōng de érzi shífēn qīnǎo, què yòu bùdé bù fúcóng, shéi ràng huángdì jiùshì yǒngyǒuzhe yīshǒuzhētiān de nénglì ne, tā yě wúnéngwéilì.

Suīshuō táng cháo shì yīgè hěn kāifàng, hěn kāimíng de shèhuì, dànshì fùqīn qiǎng zǒu érzi de qīzi, zěnme yě shuōbuguòqù, bùhé lúnlǐ. Rúguǒ táng xuánzōng màorán bǎ yáng guìfēi fēng wèi huánghòu, shǒuxiān yīgè bùnénggòu ràng tiānxià de lǎobǎixìng xìnfú, bù néng fú zhòng.

Zài zhě, táng xuánzōng yǐjīng qiǎngle tā érzi de qīzile, rúguǒ hái yào bǎ tā fēng wèi huánghòu dehuà, kǒngpà huì yǐn lái tā érzi jí dà de bùmǎn, yánzhòng dehuà shènzhì kěnéng huì qǐbīng zàofǎn, dào shíhòu jiù débùchángshīle, suǒyǐ yě bù gǎn qīngyì fēng tā wèi hòu.

Hái yǒu hěn zhòngyào de yīgè yuányīn jiùshì yáng guìfēi yīzhí dōu méiyǒu wéi táng xuánzōng shēng xià yī ér bàn nǚ, àn dàolǐ lái shuō huánghòu de érzi shì yào bèi cèfēng wèi tàizǐ de, ér yáng guìfēi yīzhí méiyǒu háizi, shì fēng tā wèi huánghòu dehuà, nàxiē dàchén bìrán yě huì fǎnduì.

Suǒyǐ zòng shàng kǎolǜ, táng xuánzōng bìng méiyǒu bǎ yáng guìfēi fēng wèi huánghòu, dànshì tā yě yǐjīng xiǎng jǐnle huánghòu de rónghuá fùguì, zhè diǎn shì wúyōng zhìyí de.

REGARD FAT AS BEAUTY (以胖为美？)

1	民间	Mínjiān	Among the people; popular; folk; nongovernmental
2	流传	Liúchuán	Spread; circulate; hand down; pass current
3	这样	Zhèyàng	So; such; like this; this way
4	传言	Chuányán	Hearsay; rumor
5	唐朝	Táng cháo	Tang dynasty
6	胖子	Pàngzi	Fat person; fatty; butterball; stout
7	平心而论	Píngxīn'érlùn	Be honest; in all fairness; frankly; give the devil his due
8	肥胖	Féipàng	Fat; corpulent
9	什么时候	Shénme shíhòu	When; whenever
10	风向标	Fēngxiàng biāo	Wind vane
11	在国内	Zài guónèi	At home; Domestic; go home
12	古代	Gǔdài	Ancient; archaic; ancient times; antiquity
13	可能是	Kěnéng shì	May be; Might be; probable
14	毕竟	Bìjìng	After all; all in all
15	一家之言	Yījiā zhīyán	Statements of a school
16	应该	Yīnggāi	Should; ought to; must
17	人们	Rénmen	People; men; the public; humanity
18	推崇	Tuīchóng	Hold in esteem; praise highly
19	理解	Lǐjiě	Understand; comprehend
20	一定	Yīdìng	Fixed; established; regular
21	偏差	Piānchā	Deviation; offset; deflection; departure

22	指的是	Zhǐ de shì	Refer to' mean
23	而不是	Ér bùshì	But not; instead of; rather than; other than
24	从小	Cóngxiǎo	From childhood; since one was very young; as a child
25	跳舞	Tiàowǔ	Dance; shake a leg
26	体态	Tǐtài	Posture; carriage
27	也就是说	Yě jiùshì shuō	In other words; that is to say
28	身材	Shēncái	Stature; figure
29	可信	Kě xìn	Credible; dependable
30	说法	Shuōfǎ	The way of saying a thing; wording; formulation
31	厘米	Límǐ	Cm
32	正常人	Zhèng cháng rén	Normal person
33	丰满	Fēngmǎn	Plentiful; full and round; well-developed
34	也就是	Yě jiùshì	Namely; i.e.; that is
35	形容	Xíngróng	Appearance; countenance
36	诗人	Shīrén	Poet
37	著名	Zhùmíng	Famous; well-known; celebrated; noted
38	看出	Kàn chū	Make out; perceive; find out; be aware of
39	风姿绰约	Fēngzī chuòyuē	Charming appearance and personality
40	其实	Qíshí	Actually; in fact; as a matter of fact; really
41	漂亮	Piàoliang	Pretty; beautiful; good-looking; handsome

42	打破	Dǎpò	Break; smash
43	局面	Júmiàn	Aspect; phase; situation; prospects
44	一己	Yījǐ	Self; oneself
45	扭转	Niǔzhuǎn	Turn round; turn back; reverse
46	审美观	Shěnměi guān	Aesthetic conceptions; aesthetic standards

Chinese (中文)

民间流传着这样一个传言，唐朝以胖为美？杨贵妃是个一百五十斤的大胖子？

平心而论，肥胖无论在什么时候，都不会成为美的风向标，不管是在国内还是国外。那杨贵妃，被评为中国古代四大美女之一，又怎么可能是个大胖子，毕竟这不是一家之言，而且大众评出来的。

我想应该是人们对唐朝所推崇的胖理解有一定的偏差，唐朝所说的胖，指的是微胖，而不是肥胖。

杨贵妃是一个从小练习跳舞的人，所以体态比较好，也就是说身材好。目前来说比较可信的说法有杨贵妃高 158 厘米，体重 130 斤左右，对于一个正常人来说，也不算特别胖吧，只能说是微胖。而对于杨贵妃来说，这应该算是丰满了，也就是我们现在前凸后翘，身材有料，所说的不应该用胖来形容。

而且很多诗人都写过杨贵妃，最著名的便是李白写的了，毕竟李白也见过她，从诗中我们可以看出杨贵妃的风姿绰约。

其实唐初的漂亮女人大多数都是比较瘦的，直到杨贵妃的出现打破了这种局面。但也并不是人们嘴里所说的肥胖，而是丰满。杨贵妃以一己之力扭转了唐朝的审美观。

Pinyin (拼音)

Mínjiān liúchuánzhe zhèyàng yīgè chuányán, táng cháo yǐ pàng wèi měi? Yáng guìfēi shìgè yībǎi wǔshí jīn de dà pàngzi?

Píngxīn'érlùn, féipàng wúlùn zài shénme shíhòu, dōu bù huì chéngwéi měide fēngxiàngbiāo, bùguǎn shì zài guónèi háishì guówài. Nà yáng guìfēi, bèi píng wéi zhōngguó gǔdài sì dà měinǚ zhī yī, yòu zěnme kěnéng shìgè dà pàngzi, bìjìng zhè bùshì yījiāzhīyán, érqiě dàzhòng píng chūlái de.

Wǒ xiǎng yīnggāi shì rénmen duì táng cháo suǒ tuīchóng de pàng lǐjiě yǒu yīdìng de piānchā, táng cháo suǒ shuō de pàng, zhǐ de shì wēi pàng, ér bùshì féipàng.

Yáng guìfēi shì yīgè cóngxiǎo liànxí tiàowǔ de rén, suǒyǐ tǐtài bǐjiào hǎo, yě jiùshì shuō shēncái hǎo. Mùqián lái shuō bǐjiào kě xìn de shuōfǎ yǒu yáng guìfēi gāo 158 límǐ, tǐzhòng 130 jīn zuǒyòu, duìyú yīgè zhèngcháng rén lái shuō, yě bù suàn tèbié pàng ba, zhǐ néng shuō shì wēi pàng. Ér duìyú yáng guìfēi lái shuō, zhè yīnggāi suànshì fēngmǎnle, yě jiùshì wǒmen xiànzài qián tú hòu qiào, shēncái yǒuliào, suǒ shuō de bù yìng gāi yòng pàng lái xíngróng.

Érqiě hěnduō shīrén dōu xiěguò yáng guìfēi, zuì zhùmíng de biàn shì lǐbái xiě dele, bìjìng lǐbái yě jiànguò tā, cóng shī zhōng wǒmen kěyǐ kàn chū yáng guìfēi de fēngzī chuòyuē.

Qíshí táng chū de piàoliang nǚrén dà duōshù dōu shì bǐjiào shòu de, zhídào yáng guìfēi de chūxiàn dǎpòle zhè zhǒng júmiàn. Dàn yě bìng bùshì rénmen zuǐ lǐ suǒ shuō de féipàng, ér shì fēngmǎn. Yáng guìfēi yǐ yījǐ zhī lì niǔzhuǎnle táng cháo de shěnměi guān.